ALPHABET

DES

JEUX DE L'ENFANCE

RENFERMANT

LA DESCRIPTION DES JEUX LES PLUS AMUSANTS

ET DES

Notions Instructives sur divers sujets.

JEU DE L'ARC.

Le jeu de l'arc est amusant et propre à rendre le coup d'œil juste et la main ferme, mais il ne convient pas aux enfants étourdis qui pourraient envoyer leur flèche dans un carreau de vitre, ou, ce qui serait bien pire, éborgner un de leurs camarades.

Quand vous serez moins étourdi que vous ne l'êtes, et que votre papa sera content de vos progrès, il vous achètera un arc et des flèches. Il vous donnera aussi un carton avec plusieurs grands ronds tracés l'un dans l'autre ; au centre de ces ronds est un gros point noir.

Ce carton doit servir de but aux flèches. Vous attacherez la feuille de carton sur une perche enfoncée en terre ou sur le tronc d'un arbre, et plus vous serez adroit, plus votre flèche approchera du gros point noir ; si elle entre dans ce point, vous serez le vainqueur.

Vous n'avez peut-être, mes chers amis, jamais entendu parler d'un homme que son adresse à tirer de l'arc a sauvé d'un grand malheur. Cet homme était un Suisse nommé Guillaume Tell, mort il y a près de 300 ans.

Le gouverneur allemand de la Suisse, qui s'appelait Geissler, et qui était un très-méchant homme, avait condamné injustement Guillaume à abattre, avec une flèche, une pomme placée sur la tête de son propre fils. Si Guillaume n'avait pas été aussi adroit qu'il l'était, il aurait pu atteindre et tuer son fils avec la flèche. Mais il eut le bonheur d'abattre la pomme. Quelque temps après, il se mit à la tête d'un bon nombre de Suisses, et il eut la gloire de chasser Geissler de son pays, qui jusqu'alors avait été opprimé par les Allemands.

Les peuples sauvages, qui n'ont pas de fusils, se servent d'arcs et de flèches pour aller à la chasse, et même dans les guerres qu'ils se font entre eux. Souvent ils empoisonnent la pointe de ces flèches, ce qui rend mortelles les blessures qu'elles font.

La lettre A placée dans la première gravure représente un homme qui abat un tronc d'arbre mort. Le bois mort sur pied n'est bon qu'à brûler. On s'en sert pour se chauffer l'hiver.

JEU DES BARRES.

C'est un jeu d'exercice et de course qui convient aux petits garçons lorsque leur maître de pension les conduit à la promenade.

C'est une espèce de petite guerre entre deux troupes qui ont chacune leur camp où elles mettent leurs bagages, c'est-à-dire les habits, chapeaux et cravates. Un de la troupe se détache et va provoquer quelqu'un de la troupe opposée. Ces deux champions se mettent en campagne, c'est-à-dire courent l'un contre l'autre; alors un troisième coureur sort du premier camp et tâche d'attraper le poursuivant. S'il l'atteint, il lui frappe trois petits coups sur le dos, le fait prisonnier et l'emmène dans son camp. Le parti ennemi fait ses efforts pour délivrer le prisonnier, ce qui arrive lorsqu'on parvient jusqu'à lui et qu'on peut le toucher; mais alors il y a une course générale dans laquelle on fait de nouveaux prisonniers de part et d'autre. Dans ce cas, l'échange se fait et les prisonniers délivrés rentrent chacun dans leur camp. La victoire est au parti qui a su garder tout le camp opposé prisonnier.

———

La lettre B représente le boa, grand serpent qui a jusqu'à treize mètres de longueur et dont le corps devient plus gros que celui d'un homme. Il attaque de grands animaux tels que des cerfs, des chevaux, etc., et il les avale tout entiers après leur avoir brisé les os. Ce serpent se trouve en Afrique et en Amérique; il n'est point venimeux.

JEU DU COLIN-MAILLARD.

Pour jouer au colin-maillard, on bande les yeux d'un des petits joueurs avec un mouchoir blanc ; on s'assure bien qu'il n'y voit goutte, puis on le conduit au milieu de l'endroit où il est, en lui disant: *Va, pauvre aveugle, cherche ton chemin.*

Le colin-maillard tâche alors d'attraper quelqu'un. Il étend ses bras à droite et à gauche, il avance, il recule ; pendant ce temps, on le chatouille, on le taquine de toute sorte de manières, en évitant toujours d'être saisi par lui ; enfin, lorsqu'il est parvenu à prendre quelqu'un, il faut encore qu'il dise son nom. S'il se trompe, il recommence ; mais, s'il a nommé la personne, celle-ci prend la place du colin-maillard, à qui on ôte son bandeau.

Ce jeu demande beaucoup d'attention pour qu'il n'arrive pas d'accident ; chaque fois que le colin-maillard approche d'un objet contre lequel il pourrait se faire du mal, faute d'y voir clair, on crie *casse-cou*. On ne doit jouer ce jeu que dans une pièce très-grande ou dans un jardin. Voici une autre manière de jouer au colin-maillard, qui ne présente pas le danger de se faire des bosses à la tête, et que je recommande, à cause de cela, à mes petits amis. On l'appelle le *colin-maillard à la baguette*. On place le colin-maillard, avec les yeux bien bandés, au milieu de l'endroit qu'on a choisi pour se divertir, et l'on met entre ses mains une longue baguette. Tous les joueurs, se tenant par la main, font cercle autour de lui et dansent en chantant un refrain de ronde. Quand le refrain est fini, le colin-maillard étend sa baguette et la dirige au hasard vers l'un des joueurs. Celui-ci est forcé de la prendre par le bout qu'on lui présente. Le colin-maillard fait alors trois cris que le joueur qui tient le bout de la baguette est forcé de répéter sur le même ton, en contrefaisant sa voix, de peur d'être deviné. S'il est reconnu par le colin-maillard, il prend sa place. Dans le cas contraire, le jeu continue par un autre tour de ronde, et ainsi de suite.

La lettre C est figurée par une espèce de cor

d'une forme très-simple dont les bouviers se servent pour rassembler leurs bestiaux. Le cor de chasse est grand et plus compliqué. Il est réservé aux chasseurs ; enfin, le cor d'harmonie est un bel instrument que l'on emploie dans la musique.

JEU DU DIABLE.

Le diable est un jouet composé de deux boules de bois creuses et réunies ensemble par une traverse. On tient en main deux baguettes au bout desquelles sont fixées les extrémités d'une cordelette de deux pieds de longueur ; avec un peu d'adresse et d'habitude, on tient le diable en équilibre sur la cordelette ; on le lance en l'air et on le reçoit, toujours tournant, sur cette cordelette ; enfin on varie de mille manières ce jeu d'adresse.

La lettre D est figurée par un tronc d'arbre ployant sous le poids d'une infortunée qui cherche à se préserver de l'atteinte des eaux. C'est une scène du déluge.

Le déluge dont parle l'Écriture sainte est parfaitement prouvé par les nombreux coquillages marins que l'on trouve sous terre et qui sont incrustés dans la pierre. On en voit beaucoup aux environs de Paris. On en rencontre même sur les montagnes les plus élevées. Ce qui démontre que la mer a couvert toute la terre à une certaine époque.

Outre les coquillages, on découvre tous les jours des ossements de grands animaux, tels qu'éléphants, ours, tigres, etc., enfouis à de grandes profondeurs par les eaux que la main de Dieu a versées sur la terre pour en punir les habitants.

Parmi ces ossements, on en rencontre d'animaux qui n'existent plus, c'est-à dire dont l'espèce est perdue. Il s'en trouve qui devaient avoir, étant vivants, jusqu'à quinze ou vingt mètres de longueur.

JEU DE L'ESCARPOLETTE.

L'escarpolette, ou balançoire, est formée d'une grosse corde attachée bien solidement à deux arbres ou à deux poteaux. Au milieu de la corde on fixe une planche sur laquelle on s'assied, et quelqu'un tire et pousse alternativement la corde avec force. On peut aussi se balancer soi-même, mais pour cela il faut que les pieds portent à terre, afin de pouvoir se donner des élans.

Nous ne pouvons trop recommander à nos petits amis d'avoir beaucoup de prudence quand ils jouent à l'escarpolette. Par exemple, il faut bien tenir la corde des deux mains et ne jamais la lâcher, quoi qu'il arrive. Ensuite, il ne faut jamais se balancer qu'assis, parce que, si on se met debout sur la planche, les pieds peuvent glisser, et l'on tombe rudement.

La lettre E est figurée par un écureuil. C'est un très-joli animal qui se trouve dans les forêts de la France et dans d'autres pays. Il vit sur les arbres et saute avec une légèreté extrême :

aussi est-il très-difficile à attraper; il se construit un nid comme les oiseaux, et se nourrit de glands, de noix, de noisettes et d'autres fruits sauvages. On l'apprivoise assez facilement et on le met dans de petites cages tournantes dans lesquelles il se donne l'agrément de faire beaucoup de chemin sans changer de place; car rien n'est plus vif qu'un écureuil; il est perpétuellement en mouvement. Je conseille à mes petits amis, si jamais leur papa leur achète un écureuil pour les récompenser de leur bonne conduite, de ne pas le tourmenter et surtout d'éviter de le mettre en colère, car alors il mord très-fort, quoiqu'il ne soit pas naturellement méchant. On le nourrit avec toutes sortes de fruits, mais surtout avec des noix et des noisettes. Il mange bien des croutes de pain, mais il aime surtout les biscuits, les macarons et les morceaux de sucre.

JEU DU FURET.

Pour ce jeu, les enfants s'asseient en rond, excepté l'un d'eux qui reste debout au milieu du rond, et dont la tâche est d'attraper un objet tel qu'une clef forée ou encore mieux un sifflet, que les joueurs se passent de main en main en chantant :

> Il court, il court le furet du bois,
> Mesdames,
> Il court, il court, le furet du bois joli.

Celui entre les mains de qui la clef ou le sifflet a été saisi se lève et prend la place du chercheur.

Lorsqu'on veut bien s'amuser, on prend pour chercher, quelqu'un qui ne connaisse pas le jeu, on lui attache le sifflet derrière l'habit, et lorsqu'il cherche d'un côté, on prend vite le sifflet et l'on siffle : le chercheur alors se retourne précipitamment et croit déjà tenir l'objet qu'il poursuit, mais, au moment même, un autre siffle derrière lui. Sa surprise est alors fort divertissante.

Nous avons figuré la lettre F par le feu. Nous prenons cette occasion pour recommander à nos petits lecteurs une grande prudence avec le feu et surtout à l'égard des allumettes chimiques, avec lesquelles il ne faut jamais jouer. Le nombre d'incendies de maisons, fermes, granges et meules de foin, causés par l'imprudence des enfants qui jouaient avec ces allumettes est effrayant.

LA GYMNASTIQUE.

La gymnastique est un art fort utile aux enfants. Il favorise le développement de leur corps en même temps qu'il augmente leur souplesse, leur force et leur adresse, et qu'il affermit leur santé.

Tous les enfants n'ont pas la possibilité de suivre des exercices gymnastiques réguliers, tels qu'ils sont établis dans quelques écoles ; mais, à défaut de ces exercices, nous engagerons nos bons amis les petits enfants à s'exercer au saut et à la course, pour donner de la force et de l'élasticité à leurs jambes. Ils exerceront la force de leurs bras en cherchant à s'élever, à l'aide de leurs mains, le long d'une grosse corde pendante et solidement attachée, en sorte que leur corps restera plus ou moins longtemps suspendu par la force des bras et des poignets. Ces exercices n'offrent aucun danger.

———

La lettre G est formée par une figure d'homme qui se chauffe à une espèce de chaufferette que l'on appelle *gueux*, à Paris.

Ce personnage pourrait bien mériter le même nom, à le juger sur sa mauvaise mine plutôt que sur le délabrement de ses habits. Voilà pourtant où mènent la paresse et l'inconduite.

Souvenez-vous, mes chers petits amis, que, si la paresse est la mère de tous les vices, le travail en est le préservatif; en y joignant, toutefois, les bons principes et les instructions religieuses que vous recevez de vos maîtres et de vos parents.

JEU DE L'HISTOIRE.

Ce jeu, mes bons amis, suppose que vous connaissez un petit peu d'histoire sainte ou d'histoire de France. Vous n'en savez probablement pas assez encore pour le jouer actuellement, mais je suis persuadé que, si vous apprenez bien à lire, vous ne tarderez pas à vous mettre en état d'apprendre l'histoire de votre pays, car cette connaissance est indispensable à tout enfant bien élevé. Il doit aussi apprendre les histoires de l'Ancien et du Nouveau Testament, car c'est le fondement de l'instruction religieuse. Vous apprendrez ensuite l'histoire grecque et l'histoire romaine; puis vous vous occuperez, autant qu'il vous sera possible, d'avoir des notions sur l'histoire des autres pays d'Europe, tels que l'Angleterre, l'Italie, l'Allemagne, l'Espagne, etc.

Quand vous connaîtrez suffisamment votre histoire de France ou l'histoire sainte, et que vous commencerez à bien lire, votre papa ou votre maman vous achètera, chez un marchand d'estampes, un jeu fait sur le modèle du jeu de l'oie, et dont les règles sont les mêmes, mais qui a pour objet l'histoire de votre pays ou celle du Nouveau Testament.

La lettre H est ici représentée par deux hommes qui se donnent la main. C'est le symbole de l'harmonie et de la paix.

Soyez toujours en bonne harmonie avec vos camarades; supportez une petite injustice plutôt que de vous brouiller avec eux, et souvenez-vous, mes chers enfants, que, si vous voulez avoir des amis dans votre âge mûr, il faut tâcher de les commencer dès l'enfance, car ces amitiés sont les plus durables.

JEU DES IMAGES.

Il faut se procurer pour ce jeu un certain nombre d'image d'une grandeur telle qu'elles puissent être placées entre les feuillets d'un livre. Ces images doivent contenir des sujets instructifs, tels que des faits d'histoire, des sujets pieux, des portraits de rois, des animaux, des costumes de peuples, enfin ce qu'on voudra, pourvu qu'elles se rattachent à quelque connaissance utile.

On distribue ces images entre les feuillets d'un livre que l'on tient bien fermé, et chaque enfant vient, à son tour, piquer la tranche d'u livre avec une épingle. S'il ne tombe pas juste sur une image, on tourne les feuillets un à un jusqu'à ce qu'il s'en présente une. On la met entre les mains de l'enfant qui l'a tirée, et il est obligé, pour avoir l'image, de dire un fait relatif au sujet qu'elle représente ; par exemple, si c'est un portrait de roi, il doit rapporter un fait quelconque de son histoire ; si c'est un fait de l'histoire sainte, en citer quelque circonstance ; si c'est un costume de peuple, dire à quelle partie du monde il appartient ; si c'est une figure d'animal, indiquer quelque chose sur ses mœurs. Si l'enfant ne sait rien, on reprend l'image, on la remet dans le livre, et l'on passe au tour d'un autre. Lorsque le tour est fini, on recommence par le premier enfant qui a tiré, et qui, tombant sur un autre sujet, est quelquefois plus heureux. L'on continue ainsi jusqu'à ce que toutes les gravures du livre soient épuisées.

Il résulte de ce jeu que l'enfant le plus instruit est celui qui aura le plus d'images.

La lettre I est représentée par un if. C'est un bel arbre qui porte de petits fruit rouges et sucrés : c'est pourquoi les enfants en cueillent souvent pour les manger. *Ils ont bien tort,* parce que c'est un fruit malsain. L'if est toujours vert. On le taille souvent en forme de pyramide, de boule, de vase, etc., pour l'ornement des grands jardins.

JEU DES JONCHETS.

Ce jeu est propre à exercer la patience et l'adresse des enfants. Il consiste en petites broches de bois de la grosseur d'une allumette et de moitié moins longues. On en prend environ une trentaine dans la main, qu'on laisse tomber pêle-mêle, en faisceau, sur la table, puis avec un petit crochet, ou simplement avec une épingle crochue, piquée au bout d'une allumette, on tire adroitement toutes les petites broches les unes après les autres, sans les faire remuer; car, autrement, il faut céder à un autre joueur le droit de tirer ces broches.

Celui qui a tiré le plus de broches a gagné la partie.

Il y a des jeux de jonchets plus compliqués. Ils sont faits en os ou en ivoire; il y a des pions qui sont de petits bâtonnets tout unis et d'autres terminés par une petite figure représentant le roi, la reine et le valet. Chaque pion compte pour un point, et les figures pour un nombre plus ou moins grand, suivant les conventions.

Le Joko, le plus grand de tous les singes, représente la lettre J. C'est aussi le singe le plus intelligent et qui ressemble le plus à l'homme. Il marche presque toujours debout, il est doux et très-susceptible d'éducation.

Un capitaine de vaisseau, qui ramenait un singe de cette espèce qu'il avait acheté en Guinée, m'a rapporté un trait admirable d'intelligence de cet animal. Il avait remarqué que notre joko aimait beaucoup l'anisette de Bordeaux; il en déboucha une bouteille qu'il fixa sur sa table avec du goudron, de manière qu'elle y était tellement collée qu'on ne pouvait la détacher. Il fit ensuite ensuite entrer le singe dans la chambre, dont il ferma la porte.

Il avait fait un trou à cette porte pour observer les mouvements de l'animal. Le singe, voyant qu'il ne pouvait détacher la bouteille, fourra son doigt dans le goulot et le suça ; il répéta cette opération jusqu'à ce qu'il ne pût plus atteindre à la liqueur. Que fit-il alors ? Je vous le donne à deviner en cent, en mille, mes chers enfants.

Il alla ramasser entre les fentes des planches du sablon qu'on sème ordinairement sur le plancher de la grande chambre d'un navire. Il en remplit le creux de sa main, et vint le verser dans la bouteille, le sable tomba au fond, et l'anisette monta jusqu'en haut du goulot ; il huma tant qu'il put la liqueur, puis il alla chercher une nouvelle provision de sable qu'il mit encore dans la bouteille. Il aurait continué ainsi jusqu'à ce qu'il n'y restât plus d'anisette, si on ne fût entré de crainte qu'il ne se fît du mal à force de boire.

KALÉIDOSCOPE.

Le kaléidoscope est un instrument d'optique très-simple, mais très-curieux et qui amuse beaucoup les enfants. Il est composé d'un tuyau de carton dans lequel sont deux bandes de verre de même longueur, inclinées l'une contre l'autre, comme les deux branches d'un V. A l'un des bouts du tuyau est un petit trou pour regarder, et l'autre bout est fermé par deux verres ronds, entre lesquels est un espace où l'on met divers petits objets, tels que des fragments de verre de couleur, des perles fausses, des graines colorées, enfin tout ce que l'on veut.

Quand on regarde dans le kaléidoscope par le petit trou, ces objets, se multipliant dans les verres noircis, qui font l'effet de miroirs, forment de jolis dessins parfaitement réguliers et qui changent à chaque mouvement du kaléidoscope.

La lettre K présente un kiosque; c'est une petite construction en forme de cabane élégante, qu'on élève dans les jardins d'agrément, et où l'on se met à l'abri dans les mauvais temps, ou lorsque le soleil est trop ardent. C'est dans les jardins chinois que l'on voit les plus jolis kiosques.

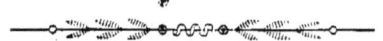

JEU DE LOTO.

Ce jeu est très-connu ; on le joue avec une boîte de carton qui contient vingt-quatre tableaux, divisés en compartiments dans lesquels sont quinze numéros, tantôt doublés, tantôt à la suite, tantôt séparés. Dans un sac sont quatre-vingt-dix numéros que l'on tire un à un en nommant le numéro qu'il porte ; ceux qui ont les numéros sur leur carton les couvrent avec des jetons ; et celui qui a rempli le premier ses quinze numéros gagne la partie.

Nous n'entrerons pas dans de plus grands détails sur le loto, parce que c'est un jeu de hasard, et qu'il ne convient aux enfants que lorsqu'ils jouent avec leurs parents.

La lettre L est figurée par un loup qui cherche à s'emparer d'un mouton suspendu par les pieds. Le loup est un animal très-méchant et très-dangereux, surtout lorsqu'il est pressé par la faim. Il attaque alors non-seulement les moutons, les chèvres et d'autres animaux moins forts que lui, mais il se jette même sur l'homme et surtout les enfants. Il y a beaucoup de loups dans les bois de la France. Mais ils sont encore plus communs dans les forêts d'Allemagne, de Pologne et de Russie, où ils se réunissent par troupes nombreuses, et attaquent les voyageurs qu'ils dévorent ainsi que leurs chevaux.

Le loup ressemble beaucoup au chien, surtout au chien de berger ; mais autant le chien a de bonnes qualités, autant le loup en a de mauvaises. Le chien aime l'homme, il est reconnaissant et fidèle à son maître, tandis que le loup ne s'apprivoise jamais et est incapable de la moindre reconnaissance.

On dit ordinairement que les loups ne se mangent pas entre eux ; c'est une erreur : lorsqu'un loup est blessé, les autres loups se jettent sur lui, l'achève et le dévorent.

JEU DE LA MAIN CHAUDE.

C'est une espèce de colin-maillard, où celui qui fait le colin-maillard, et que l'on appelle alors le *pénitent*, a la tête appuyée sur les genoux de quelqu'un de la compagnie, celui que l'on désigne par le nom de *confesseur ;* le pénitent a une main derrière le dos. Les assistants frappent tour à tour sur cette main. A chaque fois, le pénitent se retourne vivement et cherche à deviner celui qui l'a frappé, ce qu'il reconnaît quelquefois à la contenance du joueur. S'il se trompe, il remet de nouveau sa tête entre les genoux du confesseur. Dans le cas contraire, c'est celui qui a été deviné qui prend sa place.

Bien des enfants prennent plaisir à frapper fort, et même assez fort pour faire du mal au pénitent. J'engage mes petits amis à ne jamais faire cela : d'abord ce n'est pas bien de chercher à faire du mal à ses camarades, ensuite ils se feront du mal à eux-mêmes, enfin cela peut donner lieu à des querelles que les enfants bien élevés doivent toujours éviter.

La lettre M est très bien figurée par un mètre ployant. Le mètre est la nouvelle mesure qui a remplacé les lignes, les pouces, le pied et la toise. Le mètre se divise en dix *décimètres*, chaque décimètre en dix *centimètres*, et chaque centimètres en dix *millimètres*, de sorte qu'un mètre renferme dix décimètres, cent centimètres et mille millimètres.

Le mètre correspond à environ trois pieds onze lignes de l'ancienne mesure. Il a servi de base à toutes les autres mesures nouvelles. Par exemple, mille mètres font un kilomètre, qui vaut à peu près un quart de l'ancienne lieue de poste, et dix mille mètres font un myriamètre, qui forme environ deux lieues et demie anciennes.

Le mètre a aussi remplacé l'aune pour le mesurage des étoffes.

Il a servi également pour former les mesures agraires, c'est-à-dire celles qui servent à mesurer les terrains. Cent mètres carrés forment un *are*; et cent ares un *hectare*; l'are est donc un carré dont chaque côté a dix mètres, et l'hectare un carré dix fois plus grand, dont chaque côté a cent mètres. Un hectare vaut environ deux arpents anciens.

Pour former les mesures liquides, on a pris le *litre*, qui remplace l'ancienne pinte. La contenance du litre est égale à celle d'un décimètre cube. On peut se représenter un décimètre cube par une boîte carrée comme un dé à jouer, et dont chaque face aurait, en dedans, juste un décimètre de hauteur et autant de largeur. Cent litres font un *hectolitre*.

Les mesures pour les matières sèches, telles que les grains, les légumes secs, sont les mêmes et portent les mêmes noms; il n'y a que la forme qui soit différente.

Quant au poids on a pesé exactement un décimètre cube d'eau bien pure, et on a appelé ce poids *kilogramme*. Le kilogramme se divise en dix *hectogrammes*. Chaque hectogramme vaut dix *décagrammes*, chaque décagramme, dix *grammes*, chaque gramme, dix *centigrammes*, et enfin chaque centigramme, dix *milligrammes* qui est le plus petit poids qu'il y ait Il y a donc mille milligrammes dans un gramme, et par conséquent un million dans un kilogramme.

Le kilogramme vaut environ deux livres anciennes.

La mesure du bois de chauffage est le *stère*,

égal à un mètre cube, car chacune de ses faces a un mètre de hauteur et autant de largeur. L'ancienne voie de bois vaut à peu près deux stères.

JEU DES NOYAUX

ou

DE LA FOSSETTE.

Les petits garçons réservent souvent les noyaux des abricots qu'ils mangent, pour jouer à la fossette avec leur camarades, et lorsqu'ils en ont gagné une certaine quantité, ils les apportent à leur maman, qui sait en faire une liqueur excellente.

C'est au reste un jeu bien simple : on fait une petite fossette dans la terre, on marque le but à une certaine distance, et de là, on tâche de faire entrer dans la fossette tous les noyaux qu'on tient dans sa main. Ceux qui restent dehors sont pour l'adversaire, qui s'en empare, et joue à son tour en jetant un nombre égal de noyaux.

Nous avons figuré la lettre N avec une corde garnie de nœuds. Les cordes de toute espèce se font avec le chanvre, plante que l'on cultive beaucoup dans le nord de la France. Lorsqu'elle est parvenue à sa maturité, on l'arrache, et on met ses tiges tremper dans l'eau d'un étang ou d'une rivière. On appelle cette opération *rouissage*; elle est destinée à débarrasser la filasse, qui forme une partie de la tige, de tout ce qui lui est étranger : ensuite on bat le chanvre, on le teille, on le peigne et il est prêt à être filé.

On fait enfin des cordages plus communs et beaucoup moins forts avec l'écorce intérieure du tilleul.

JEU DES OSSELETS.

Pour ce jeu d'adresse on se sert de l'osselet qui se trouve dans le gigot de mouton. On en prend cinq, on en jette quatre en l'air, on en ramasse un, et on reçoit les autres avant qu'ils ne soient retombés, puis on en jette trois et l'on en ramasse deux, l'un après l'autre ; on en jette ensuite deux et l'on en ramasse trois, etc.

Il faut de l'adresse pour jouer à ce jeu, dont les combinaisons sont toutes de fantaisie et qui varient beaucoup. Nous laisserons donc à nos petits amis, qui voudront jouer à ce jeu tranquille et paisible, le choix des coups qu'il voudront faire. Il leur sera même facile d'en inventer de nouveaux.

Nous n'avons rien trouvé de mieux pour figurer l'O qu'un *œil-de-bœuf*. C'est une petite fenêtre ronde ou ovale comme on en voit encore dans les anciens hôtels. Lorsque l'œil de bœuf est placé sur les toits il prend le nom de *lucarne*.

JEU DE LA POUPÉE.

La petite Florentine désirait depuis longtemps avoir une poupée : sa maman avait promis de lui en acheter une, si elle travaillait bien, et si, durant un mois, elle se conduisait de manière à ne mériter aucun reproche.

Il fallait voir avec quelle ardeur Florentine se livrait au travail, et quelles précautions elle prenait pour ne tomber dans aucune faute. Enfin, le mois étant expiré, madame de Gerville, satisfaite des progrès et de la sagesse de Florentine, lui apporta un jour une belle et grande poupée à ressorts.

Vous ne pourriez vous imaginer, mes chers enfants, quelle fut la joie de Florentine. Après avoir embrassé mille fois sa mère pour la remercier, elle pensa à faire des habits pour sa poupée. Elle voulait, disait-elle, qu'elle eût une toilette de reine. Elle se mit donc à l'œuvre, et il faut avouer qu'elle ne s'y prit pas trop mal, car bientôt la poupée eut des robes assez bien taillées et proprement cousues. Elle lui fabriqua aussi un couple de jolis chapeaux, et lui fit faire une paire de souliers par le cordonnier, son voisin.

Florentine avait pris tant d'attachement pour sa poupée, qu'elle employait à l'orner tout l'argent que sa mère lui donnait pour ses menus plaisirs.

Un jour d'hiver que madame de Gerville et sa fille étaient sorties, elles rencontrèrent une femme vêtue de haillons, qui portait dans ses bras un petit enfant tout souffreteux et qui en conduisait deux autres par la main. Leurs figures hâves et maigres annonçaient la misère et les privations, ils étaient à peine vêtus, malgré la rigueur du froid. La pauvre femme n'osait tendre la main pour solliciter une aumône, mais son air disait assez avec quelle reconnaissance elle l'accepterait. Madame de Gerville tira sa bourse et lui donna une pièce de monnaie. Florentine, que l'aspect de cette misère avait touchée jusqu'aux larmes, voulut ajouter quelque chose à l'offrande de sa mère : elle tira aussi sa bourse, mais elle était vide ! Florentine avait oublié que, le jour même, elle avait dépensé le reste de son argent pour faire présent à sa poupée d'une jolie collerette de dentelle.

—Eh bien, ma fille, dit madame de Gerville, est-ce que tu n'aurais plus d'argent?—Hélas! non, répondit Florentine: ma poupée m'a tout dépensé, mais prête-moi quelque chose, ma chère maman, afin que je puisse faire comme toi.

— Volontiers, dit madame de Gerville, mais à condition que tu réfléchiras sérieusement sur ce qui t'arrive aujourd'hui et que tu me diras s'il est convenable d'entourer une poupée de tant de luxe et de superfluités, tandis que de pauvres enfants meurent de faim et grelottent de froid, couverts de mauvais vêtements.

— Pense donc qu'avec le prix de la dernière robe de ta poupée, tu aurais pu acheter un vêtement grossier, mais bien chaud, à l'un de ces pauvres enfants.

Florentine écouta ces reproches avec autant de confusion que de repentir. — Maman, s'écria-t-elle, je renonce à ma poupée, je n'y toucherai plus de ma vie.

— Ma chère Florentine, dit sa mère, tu tombes dans un excès contraire; en travaillant pour la poupée, tu prends l'habitude du travail et tu exerces ton adresse; il ne s'agit donc pas d'y renoncer, mais de régler les dépenses que tu voudras faire pour elle, de telle manière que les pauvres ne s'en apercevront pas. Car Dieu ne te pardonnerait pas de préférer ta propre créature aux siennes.

La lettre P est figurée par un peuplier qui se rompt sous le poids d'un enfant monté au haut de l'arbre. C'est un exercice peu convenable que celui de grimper dans les arbres ; car, si on ne se rompt pas le cou, ou si l'on ne se brise pas quelque membre, il arrive presque toujours qu'on déchire ses vêtements.

JEU DES QUILLES.

On emploie pour ce jeu une boule et neuf quilles. On range ordinairement ces quilles trois à trois en carré, pour les abattre de loin avec la boule.

Le jeu ordinaire consiste à abattre un nombre convenu de quilles, tel que cinquante, soixante, cent, etc. La partie est gagnée pour le premier qui parvient à renverser juste la quantité fixée.

On tire d'abord au sort pour savoir qui jouera le premier ; ensuite on fixe le but. Celui qui tient la boule doit avoir un pied sur la ligne tracée par terre, qui forme ce but ; autrement son coup serait nul, et il ne compterait pas les quilles abattues.

Quand le joueur abat plus de quilles qu'il ne lui en faut pour compléter le nombre fixé, il est obligé de recommencer comme s'il n'avait rien fait. C'est ce qu'on appelle *crever*.

Le joueur qui, en jouant, n'abat aucune quille, perd son coup et fait *chou-blanc*, c'est-à-dire qu'il ne compte rien.

Si une quille tombe après que la boule est arrêtée, elle ne compte pas. On ne compte pas non plus les quilles que la boule sortie du jeu fait tomber en y rentrant.

Quand un joueur a l'adresse d'abattre la quille plantée au milieu du jeu, sans en faire tomber aucune autre, il compte comme s'il en avait abattu neuf, c'est-à-dire toutes celles du jeu.

Un joueur qui laisse passer son tour perd son coup.

Il y a une autre manière de jouer aux quilles. On convient d'un nombre de coups que

4.

fera chaque joueur, et celui qui aura abattu le plus de quilles dans ce nombre de coups a gagné la partie.

Nous avons choisi pour figurer la lettre Q une queue de singe. Il y a des singes qui ont une queue prenante ; ils se suspendent aux branches des arbres au moyen de cette queue, qui a beaucoup de force et qui est très-longue. Il est extrêmement curieux de voir un de ces singes se précipiter du sommet d'un arbre et se rattraper aux branches inférieures avec l'extrémité de sa queue, dont il se sert comme d'une main. Tous les singes à queue longue et prenante viennent d'Amérique ; les autres, qui n'ont pas de queue ou qui n'ont que des queues courtes, appartiennent à l'Asie ou à l'Afrique. L'Europe ne produit pas de singes.

Ces singes à longue queue sont vifs et agiles, mais turbulents et malicieux. Ils ont des abajoues, c'est-à-dire des poches dans l'intérieur de la bouche, au bas des joues, dans lesquelles ils mettent en réserve les fruits et les grains qu'ils ont cueillis, et dont ils se nourrissent.

Les singes d'Asie et d'Afrique manquent d'abajoues.

JEU DU ROI DÉTRONÉ.

Les enfants posés et tranquilles doivent seuls jouer à ce jeu, qui peut devenir dangereux lorsque des étourdis et des brouillons s'en mêlent.

Pour jouer au roi détrôné, les enfants se séparent en deux troupes ; l'une, avec le roi, prend position sur un monceau de sable, ou quelque autre objet plus élevé que le sol : l'autre troupe cherche à son tour à s'emparer du monticule et à en chasser le roi et sa troupe.

Quelquefois, les joueurs forment deux troupes inégales ; dans ce cas, celle du roi est toujours la moins forte.

Souvent encore, le roi seul, monté sur son trône, défend sa position, mais alors il n'est attaqué à la fois que par un seul adversaire.

Il est de règle de ne pas tirer le roi ou ses défenseurs par leurs habits, ni par les bras, ni par les jambes ; on doit seulement les saisir à bras-le-corps, et, une fois à terre, les ennemis cessent tout combat.

Quand un assaillant n'a posé qu'un pied

seulement sur le trône, le roi a le droit de le pousser, sans que celui-ci puisse l'entraîner; mais lorsqu'il y a placé les deux pieds, le roi ne peut le prendre qu'à bras-le-corps.

Ceux de la troupe du roi qui ont été obligés de descendre à terre ont le droit de tâcher de remonter sur le banc royal.

La lettre R est imitée par un renard à longue queue qui tâche de saisir sa proie.

Le renard est un animal très-rusé et très-adroit, il est de la grandeur d'un chien de moyenne taille. Lorsqu'il est poursuivi, et qu'il ne voit plus aucun moyen d'échapper il se défend avec intrépidité, et ses morsures deviennent très-dangereuses.

Le renard se creuse, dans les forêts un terrier où il se blottit. Il se nourrit de gibier qu'il guette et attrape dans les bois et les champs, et surtout de poules, de jeunes oisons, de pigeons, etc., qu'il dérobe dans les fermes.

LE JEU DU SAUT.

L'exercice du saut est très-utile à la santé. Il développe les forces et l'élasticité des jambes, et donne de la légèreté et de la souplesse au corps.

Il faut d'abord s'exercer à sauter à pieds joints par-dessus une baguette légère, fixée en travers et soutenue sur deux petites branches fourchues enfoncées en terre. Il est nécessaire que cette baguette soit posée légèrement et non attachée, afin qu'on ne soit pas exposé à tomber la tête en avant si l'on manque son coup en la rencontrant avec les pieds.

A mesure qu'on devient plus leste et plus adroit, on la place plus haut ; enfin, on place la baguette à une hauteur considérable, et on la franchit alors en prenant son élan de loin.

Il faut éviter de retomber sur les talons ; un saut très-élevé cause une grande secousse, si l'on n'a pas le soin de retomber sur les orteils et sur la plante des pieds.

Une autre manière de sauter consiste à franchir un espace déterminé. Celui qui saute le plus loin est le vainqueur. D'autres fois on convient que celui qui parcourra le plus grand espace de terrain, dans un nombre convenu de sauts à pieds joints ou autrement, gagnera la partie.

Les plus habiles sauteurs sont sans contredit les Suisses, habitants des montagnes. A l'aide d'une longue perche, ils s'élancent et franchissent des torrents ou des abîmes de huit à dix mètres de largeur.

La lettre S est très-bien représentée par un serpent.

On divise les serpents en ovipares et vivipares. Les premiers sont du genre des couleuvres ; ils font des œufs et ne sont pas venimeux en général. Les serpents vivipares sont du genre des vipères ; leurs petits viennent tout éclos au monde. Presque tous ceux-ci sont venimeux. Ils ont au-dessous de leurs dents canines, qui sont au nombre de quatre et qui sont creuses, une glande ou petite poche qui contient un venin subtil ; quand le serpent mord, au moyen de ses quatre dents en forme de crocs, le venin passe dans la plaie.

Le plus dangereux de ces reptiles est le

serpent à sonnettes, qui se trouve en Amérique. Sa morsure, à laquelle on ne connaît pas de remède, fait mourir en cinq minutes ; heureusement, ce serpent porte au bout de sa queue des espèces d'écailles dont le choc entre elles produit un bruit qui annonce au loin sa présence. Il y a en Asie, en Afrique et en Amérique beaucoup d'autres serpents venimeux.

On trouve aux environs de Paris un très-petit serpent bleuâtre qu'on nomme *Orvet*. Les gens de la campagne le croient venimeux et aveugle, parce que ses yeux sont très-petits ; mais c'est une double erreur : l'Orvet n'est ni aveugle ni venimeux.

JEU DE LA TOUPIE.

Il n'est sans doute pas un de mes petits lecqui ne connaisse la toupie. Ils savent que c'est un morceau de bois rond, traversé par une goupille en fer dont la pointe en bas sert de pivot, et le haut à retenir la corde enroulée autour du corps de la toupie, qu'on lance avec force contre terre. La toupie prend alors un mouvement rapide de rotation, pendant lequel on doit la prendre, toujours tournante, dans la paume de la main.

On la lance aussi quelquefois contre un but, contre une autre toupie ou une pièce d'argent, qu'il est difficile d'attraper, mais qui fait gagner quand on réussit.

Le sabot est un morceau de bois rond, qui se termine en pointe et qu'on fait tourner avec un fouet formé par une lanière de peau. L'adresse du joueur consiste à entretenir longtemps l'activité du sabot.

Il faut, dans le jeu de la toupie, que la corde soit solidement enroulée autour d'elle, sans cela, cette corde se déroule trop subitement, et la toupie, lancée avec force, prenant une fausse direction, peut aller blesser un camarade ou casser une vitre.

Il faut également fouetter le sabot de manière à ne pas l'enlever de terre et à ne pas le lancer au loin.

Le Télégraphe, qui représente assez exactement la lettre T, sert à faire des signaux par lesquels on transmet, en quelques heures, des nouvelles ou des ordres d'un bout de la France à l'autre. Cette invention, qui date de 1792, est due à Claude Chappe.

Ces télégraphes étaient placés de deux lieues en deux lieues, sur une direction quelconque. Le gardien du télégraphe regardait tour à tour par deux lunettes ; l'une dirigée du côté de Paris, et l'autre dans le sens opposé. Il imitait lui-même avec son télégraphe le signal donné par le télégraphe voisin, et ce signal était répété à l'instant de télégraphe en télégraphe sur toute la ligne, jusqu'à ce que la missive fût arrivée à sa destination.

La télégraphie électrique, beaucoup plus prompte, a remplacé cet ancien mode.

URANOGRAPHIE.

L'Uranographie est la connaissance des astres qui ornent la voûte des cieux. Rien de plus propre à nous faire admirer la grandeur et la puissance de Dieu que la vue de ces millions de mondes répandus dans l'espace.

On distingue les étoiles en planètes et en étoiles fixes. Les planètes sont au nombre de onze; elles tournent de même que notre terre autour du soleil. Voici leurs noms en commençant par les plus proches du soleil : *Mercure, Vénus,* la *Terre, Mars, Vesta, Junon, Cérès, Pallas, Jupiter, Saturne, Herschel* ou *Uranus.*

Quelques-unes de ces planètes ont des satellites, c'est-à-dire des globes plus petits qui tournent autour d'elles, pour les éclairer pendant la nuit. La terre a un satellite; c'est la lune. Jupiter, qui est douze cent fois plus gros que la terre, en a quatre; Saturne, sept, outre un immense anneau qui l'entoure, et Uranus six.

Les étoiles fixes ne changent pas de place dans le ciel. Ce sont probablement des soleils comme le nôtre. Si nous les voyons se lever et se coucher chaque jour, c'est que notre terre tourne, et que nous changeons de place nous-mêmes.

La connaissance des étoiles est très-utile aux marins, aux voyageurs et aux personnes de la campagne, pour savoir l'heure qu'il est, et surtout pour reconnaître la direction dans laquelle elles doivent diriger leur marche.

Je vais vous enseigner, mes chers amis, à reconnaître facilement les quatre points cardinaux pourvu que le ciel ne soit pas couvert de nuages.

Une fois que vous connaîtrez le nord, vous vous tournerez de ce côté, et vous saurez que vous avez le midi ou sud derrière vous, l'est ou orient à droite, et l'ouest ou occident à gauche.

Il y a dans le ciel sept belles étoiles, qui forment une constellation appelée la *grande ourse;* en tirant une ligne droite partant des deux dernières étoiles de cette constellation, on arrive à *l'étoile polaire,* qui est toujours à la même place, et qui indique le côté du nord.

La lettre U est figurée gar une urne. Les anciens, qui brûlaient leurs morts, au lieu de les enterrer, conservaient leurs cendres dans des urnes.

LE JEU DU VOLANT.

Le volant est un jeu qui convient aux petites demoiselles ; les garçons préfèrent en général jouer à la balle.

Tout le monde sait comment sont faits un volant et des raquettes, et comment on y joue. L'habileté consiste à soutenir longtemps le volant en l'air, sans le laisser tomber. Ce jeu peut se jouer en partie à quatre.

La lettre V est représentée par une branche d'arbre autour de laquelle est entortillée une vipère.

Il n'y a en France qu'une seule espèce de serpent qui ait du venin, c'est la vipère ; elle est noirâtre et plus petite que la couleuvre, dont on la distingue facilement, d'ailleurs à sa tête, qui est plate et garnie par dessus d'écailles pointues, tandis que la tête de la couleuvre a des plaques comme celle du lézard, et non des écailles ; ensuite la couleuvre n'a pas de dents venimeuse comme la vipère. C'est un animal innocent et qui ne peut faire de mal à personne, tandis que la morsure de la vipère fait enfler considérablement le membre mordu, et peut même causer la mort.

Il y a des vipères dans quelques forêts voisines de Paris, telles que la forêt de Fontainebleau ; mais l'endroit où elles sont le plus communes en France c'est dans l'ancienne province du Poitou.

On se servait autrefois de la vipère pour faire des remèdes employés en médecine; les gens chargés de les prendre commençaient par leur couper les dents venimeuses avec des ciseaux, afin de n'en être pas mordus.

Un preneur de vipère manqua de périr, faute d'avoir pris cette précaution. Le sac dans lequel il avait renfermé une centaine de vipères, étant mal fermé, s'ouvrit pendant la nuit, et lorsque cet homme s'éveilla, il se trouva entouré de vipères que la chaleur du lit avait attirées. Elles entouraient son corps et tous ses membres; le plus petit mouvement l'exposait à une mort horrible; sa présence d'esprit le sauva.

Immobile comme une statue, il appela sa servante et lui ordonna de faire promptement chauffer une grande jatte de lait et de l'apporter au milieu de la chambre.

Bientôt l'odeur du lait que les vipères aiment beaucoup, les attira ; elles abandonnèrent le corps du pauvre patient qui, lorsqu'il se sentit entièrement débarrassé, se leva promptement et s'empressa de couper le cou à toutes ses vipères.

JEU DU WHISK.

Nous avons indiqué Whisk pour la lettre W. parce que ce jeu nous donne occasion de parler des jeux de cartes en général.

Nous engagerons donc nos petits lecteurs à ne point jouer aux cartes entre eux ; cette sorte de jeu ne convient pas à des enfants, qui pourraient d'ailleurs être entraînés à y jouer de l'argent. Les jeux d'exercice et d'adresse sont bien préférables ; en développant les forces du corps et en conservant la santé, ils accroissent la souplesse et l'élasticité des membres.

XÉRANTHEMUN ET XILOSTÉON.

Ce sont deux plantes d'agrément que nous avons disposées de manières à imiter la lettre X. Le Xéranthemun est également nommé *immortelle;* c'est une jolie fleur blanche, violette ou gris de lin. Elle conserve longtemps la vivacité de ses couleurs.

Le XILOSTÉON est une espèce de chèvrefeuille des Alpes, avec des fleurs d'un blanc jaunâtre et de jolis fruits rouges.

YEUSE.

L'Yeuse, avec lequel nous avons formé Y, est une espèce de chêne à feuilles piquantes et toujours vert. Il ressemble beaucoup au *chêne-liége,* avec l'écorce duquel on fait les bouchons. Ces deux espèces de chênes viennent dans le midi de la France, mais surtout en Espagne et en Italie. Les glands qu'ils produisent sont doux et bons à manger.

ZÉPHYRE.

La lettre Z est imitée par la figure de *Zéphyre*, dieu de la fable, qui présidait aux vents légers et était censé les diriger. Les anciens le représentaient sous la forme d'un beau jeune homme avec des ailes de papillon.

On appelle actuellement *zéphyrs* les vents doux et agréables qui viennent nous rafraîchir durant les chaleurs de l'été.

St-Denis. — Typ. de A. Moulin.